龍

生肖守護者

普賢菩薩

五明·編著

普賢菩薩大願大行
守護生肖龍的人順利無阻、洪福齊天！

感官清淨沒有障礙
生命福祿雙全
身體常保無病健康
家庭和樂美滿

序

　　很多人手上帶著佛珠、每天拿著香拜拜，到各個寺廟祈求神佛，希望神佛守護保佑，祈求神佛幫助自己增加財富、智慧、健康、好運等種種的心願。

　　然而神佛那麼多，到底要向哪尊祈請才好呢？這真是令人難以抉擇！

　　但是，從今天起，你將知道自己的御守護菩薩是哪一尊，雖然你還是每天拜拜禮佛，但是拜起來就是不大一樣，因為你知道自己的守護佛菩薩，拜起來特別有親切感，也特別感受到佛菩薩的加持守護。

　　生肖屬龍者的御守護是普賢菩薩，普賢菩

薩以廣大的行願與實踐力攝持救護著我們,從知道他是我們的御守護佛菩薩的這一刻開始,生命就有了依怙,也許,生命的轉機就從此開始。

　　每天可以跟自己的御守護——普賢菩薩祈請、談心,可以超越以前只是單向拜拜神佛的關係,進步到直接與普賢菩薩溝通,直接領受佛菩薩的加持,想跟普賢菩薩請求不一定要到廟堂拜拜才行,祈求的方法隨時都可運用,讓自己在普賢菩薩的守護下,開創自己生命新的扉頁。

　　這本書,不但能讓我們了解,普賢菩薩的樣貌、願力、功德與最秘密的心要,還告訴我們如何祈請,才能取得御守護佛菩薩的秘密專線,讓我們的所有願求,能快速、直捷的傳達到普賢菩薩的心裡,使我們能擁有２４小時隨

普賢菩薩

時隨地，如心隨護、護念著我們的普賢菩薩。

　　將這本書帶在身邊，當你需要救護時，就隨時翻閱，照著書中的步驟，向普賢菩薩祈請。

　　普賢菩薩的慈悲與智慧是沒有差別的，隨順我們每個人的不同緣起，會有特別的相應與護佑。

　　因此，我們如果能夠隨順普賢菩薩的心，和他的悲心與願力相應，迎請普賢菩薩隨時都住在我們的心中，我們也念念都安住在普賢菩薩慈悲智慧的心海中。必然，會得到普賢菩薩最快捷與不可思議的加持、護佑。

　　在未來的日子中，我們在大行普賢菩薩的守護下，生命將無限延展升華，走向更美好光明的境地。

　　最後祈願有求必應的普賢菩薩，守護一切

生命吉祥、善願速疾圓滿。

　南無　大行普賢菩薩

目錄

第 *1* 章　認識自己

普賢菩薩

尋找自己的御守護

 滿天神佛，有事該向誰祈求？

在我們短暫卻又漫長的一生中，無可避免地會經歷生、老、病、死，以及快樂、悲傷、苦惱等等情境，當我們在面對人生種種的困境與層層的煩惱時，該如何是好？尤其有些生命的不安與恐懼，是連親如父母、夫妻、子女，或是朋友、親眷也無法替我們分憂承擔的，這時我們能向誰尋求庇護與依靠呢？

很自然地，向佛菩薩祈求護佑，是個既不欠人情，又隨call隨到的好方法。因為，佛菩薩慈悲遍滿，又不求回報，且無所不在，

10

只要我們虔心祈求，不論何時、何地、何境，都能給我們最即時的撫慰與救助，是最好的靠山。

　　只是，佛菩薩有那麼多尊：釋迦牟尼佛、藥師佛、阿彌陀佛、大日如來、觀音菩薩、文殊菩薩、普賢菩薩等等，無量無邊的佛菩薩，我們到底該向誰祈請呢？該向哪尊佛菩薩求助最直接呢？

 ## 生肖龍者的御守護菩薩

　　在日本，有一種流傳久遠的，相應於不同生肖，特別守護的佛菩薩，依於我們生肖的不同，每個人都會有一尊特別與我們相應、特別會秘密守護我們的御守護佛菩薩。

　　「御守護」是日本人用來祈福的幸運物、平安符。

　　日本各大寺廟神社更為了因應祈福者不同的苦惱與需求，發展出許多不同功能的御守護，諸如平安御守護、學業御守護、感情御守護、健康御守護⋯⋯等等，由於製作精巧，廣受喜愛，不論自用或是送禮都十分適宜。

　　而中文的「御守護」又更加有意思，在日文「御」是敬辭，在中文，舉凡和天子、帝王沾上邊的，往往都會加上個御字，像是御用、御花園、御林軍等等。因此，御守護，除了原來祈福、保平安的意義之外，更成了帝王級最尊貴的守護了。

　　所以，如果我們平常沒有特別相應的佛菩薩，不妨照著日本這個生肖守護佛菩薩系統，來選擇我們個人特別秘密的御守護佛菩薩。

　　生肖龍的人，其御守護佛菩薩即是普賢菩

薩，我們每日向他虔心祈請，他會給我們特別、有力的護念與庇佑，這是我們人生旅程中，最強而有力的靠山與守護者。

關於生肖龍的人

　　每個人都有自己的特色與長處，而每個生肖基本上有其性格上的共通點，我們藉由了解這些性格上的共通點，為自己做一些努力來超越自身性格的的限制，讓好的一面能夠更好，有缺失的部分能夠補足與與超越。

　　但是不論我們是何種類型的人，佛菩薩都會守護我們，因為佛菩薩有他自己的誓願，佛菩薩就像母親守護小孩一樣，永遠守護我們，不會離棄我們。

　　從日常生活中，我們能透過觀察自己的行為，自己平常做事的態度與習慣，來了解自身的優勢與缺失不足，進而超越自身的缺點，將

14

優勢更加發揮，積極地自我增長，使我們與佛菩薩之間產生更好的互動關係與連結。

 性情特質

龍在十二生肖中，屬於傳說中的動物，龍能飛天遁地，身體可以忽大忽小，隨心所欲變化無窮。

・**氣質非凡**

屬龍者象徵權勢，可說是天之驕子，得天獨厚，智慧過人，具有崇高理想，膽識過人且氣質非凡，神氣活現、氣宇軒昂，經常給人一種特殊的風範，天生就一副明星架式的感覺。才氣足，慷慨大方。具有上天賦予的優秀本質，他們多半天資聰穎，領悟能力強，善於推論、思索，喜歡嘗試不同的新鮮事物。

·完美主義

此外，屬龍的人做什麼事都全力以赴，幾近完美主義，不太在乎別人的稱讚或毀謗，只要是決定要做的事情，他們都會全力以赴，完成計畫。不畏懼艱難，做每件事都盡求完美。常無法忍受他人不足的辦事能力，有完美主義心態。

屬龍的人常常是精力充沛，有理想家的精神，同時自我的要求也很嚴格，凡事不服輸，個性坦率，為人坦誠正直，很少有卑鄙惡劣的虛偽行為，也不喜歡搬弄是非。

性格豪爽、熱情慷慨，善解人意。不愛受人指使，喜歡獨自行事。

我的個性真的是
這樣嗎？

喜歡獨自行事
不在乎別人
不愛受人指使

才氣足
領悟力強
喜歡新鮮事
做事過於自信
完美主義
善解人意
個性坦率
坦誠正直
熱情慷慨

旺旺小檔案

◆ **吉祥方位：西、西北及北方**

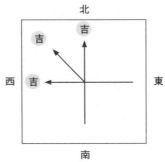

♣ **旺旺色：紅色、黃色**

多穿戴紅色黃色的衣服、飾品，讓我們好運旺旺來。

♠ **富於智慧的顏色：黑色、紅色**

多穿黑色、紅色的衣服，能增加我們的智慧。

☆ **富於財富的顏色：黑色**

多穿黑色的衣服，讓我們多增加點財氣。

生肖龍的名人

司馬炎
236-290
即晉武帝。

蕭衍
464-549
梁武帝，為南北
朝梁開國君主。

褚遂良
596-658
唐朝的書法家。

李商隱
812-858
晚唐的大詩人。

朱元璋
1328-1398
即明太祖。

王守仁
1472-1529
明代哲學家、教
育家。

普賢菩薩

皇太極
1592-1643
清太宗，清朝的
開國皇帝。

蒲松齡
1640-1715
聊齋誌異的作
者。

沈寶禎
1820-1879
近代中國船業的
開創者。

聖女貞德
1412～1431
法國民族女英
雄。

佛洛伊德
1856～1939
奧國精神病學
家，首創精神分
析。

蕭伯納
1856～1950
英國有名的劇作
家。

第 **2** 章 認識自己的
御守護

誰是普賢菩薩

　　普賢菩薩是生肖屬龍的人的御守護菩薩，當我們想要祈請普賢菩薩的守護，首先應當了解普賢菩薩是怎樣的一位菩薩。

　　我們常看見一位騎著大象的菩薩即是普賢菩薩，普賢菩薩以廣大的行願與積極的行動力聞名，只要他發願要做的事情，就會努力去實踐完成它。

　　普賢菩薩是大乘菩薩的代表，象徵著究極的大乘精神。駕獅的文殊菩薩與乘象的普賢菩薩二大菩薩並列為釋迦牟尼佛的兩大脅侍，被稱為「華嚴三尊」。

　　菩薩的名字常常代表著這位菩薩的特德，

普賢菩薩是我的
御守護尊。

所以我們從他的名字上，大概就可以了解這位菩薩的傾向。

普賢菩薩的名號

普賢菩薩是大乘佛教行願的象徵，也是菩薩道的典範。

開始有「普賢」名號的出現，是始於《三曼陀羅菩薩經》，之後廣見於各種佛經之中，而逐漸成為普遍的信仰。

普賢菩薩義譯為「遍吉」，其意思是具足無量行願、普遍示現於一切佛剎的菩薩。

還有的說法：「普」是一切處，「賢」是最妙善義。是說普賢菩薩依菩提心所發起的願行及身體、語言、心意，完全平等遍於一切處，純一妙善，備具眾多德性，所以名之為普賢。

在密教看法中，普賢菩薩表示菩提心，認為他與金剛手、一切義成就菩薩同體。

　　普賢菩薩名號的意義實在太廣大了，「普賢」代表廣大的菩薩行，這不僅是普賢行的表徵，也是所有菩薩行的表徵。

認識普賢菩薩

 ## 普賢菩薩修行的過程

在《華嚴經》〈入法界品〉中,記載善財童子*參訪普賢菩薩,普賢菩薩告訴他如何修行菩薩道利益眾生。

善財童子來到金剛藏菩提道場,一心求見普賢菩薩。

普賢菩薩對善財童子述說自身實踐菩薩道

―― 解說 ――――――――――――
・善財童子　為《華嚴經》〈入法界品〉中的求道菩薩,曾南行參訪五十五位善知識,遇普賢菩薩而成就佛道。

普賢騎乘大象代表
一切菩薩勇猛大行

27

普賢菩薩

的歷程，普賢菩薩告訴善財童子說：「善男子啊！我在過去不可說不可說佛剎微塵數的時劫中，修行菩薩行，求一切智慧；在每一個時劫中，為了清淨菩提心*，而承事供養不可說不可說佛剎微塵數的佛陀。

每一個時劫中，為了積集所有的智慧福德，而設置了不可說不可說佛剎微塵數的布施大會，使世人都能聽聞知道這個消息，不管他們要求什麼，我都能滿足他們。我在每一個時劫中，為了求取所有的智慧法，而用不可說不可說佛剎微塵數的財物布施。

我在每一個時劫，為了求取佛陀的智慧，而用不可說不可說佛剎微塵數的城邑、聚落、國土、王位、妻子、眷屬、眼耳鼻舌、身肉手

———— 解說 ————

28

・菩提心　欣求無上菩提的心。

足、乃至身命，我都能布施；在每一個時劫中，我為了求一切智慧上首，而用不可說不可說佛剎微塵數的頭布施。

在每一個時劫中，我為了求取一切智，在不可說不可說佛剎微塵數的諸位如來的道場，都恭敬尊重地承事供養，不管是衣服、臥具、飲食、湯藥、凡是生活所需的事物，我都完全供奉施設；並且隨他們出家修習正道，修行佛法，護持正教。

善男子啊！我在這些時劫大海中，回憶自己未曾一念不順應諸佛的教誨，未曾生起一念瞋害心、我慢及我所有心、自他差別心、遠離菩提心、疲厭生死流轉心、懶惰心、障礙心、迷惑心，我只是一心安住在無上、不可沮壞、集一切智慧法的大菩提心。

善男子啊！我已能莊嚴佛國剎土，用大悲

心救護眾生，教化成就，供養諸佛，承事善知識；我為了求取正法，弘揚宣說護持教法，所有身內、身外的事物都可以完全捨棄，乃至身體性命也毫不吝惜。即使我用盡所有的時劫大海，也說不完這些本事因緣。

善男子啊！我在法海所得的一切，乃至一字一句，無不是施捨轉輪聖王的王位而求得的，無不是施捨一切而求得的。

善男子啊！我之所以求法，都是為了救護眾生，我始終一心思惟：『願所有的眾生都能聽聞這種法。願我能以智慧光明普照世間。願我能為眾生開示出世間的智慧。願我能讓眾生都獲得安樂。願我能普遍稱讚諸佛的所有功德。』我這些過去的因緣，即使以不可說不可說佛剎微塵數時劫的大海，也說不完啊！

所以，善男子！我因為這種種的助道法

普賢菩薩救護眾
生的心意真是不
可思議！

力、諸善根力、大志樂力、修習功德力、如實思惟一切法力、智慧眼力、諸佛威神力、大慈悲力、淨神通力、善知識力，才能獲得這個究竟三世平等清淨的法身、清淨無上的色身，超過世間一切，才能隨順眾生心中的喜樂而為他們示現身形，趣入所有的剎土，遍至任何地方，在各個世界示現神通，讓看見的眾生莫不欣喜快樂。

善男子啊！你且觀察我的色身，我的色身是無邊劫海所成就的，是無量千億那由他的時劫都不易看見、聽聞的啊！」

善財童子在普賢菩薩的教導下，證得等同普賢菩薩和諸佛的各種行願海。

以上描述普賢菩薩的所作所為真是廣大不可思議，心念廣大如虛空不可思議，救護眾生的心意不可思議，有這樣的普賢菩薩守護我

們，我們內心真的有很穩固的安全感，感恩普
賢菩薩的守護。

 ## 普賢菩薩的住處

關於普賢菩薩的住處、他的淨土的時空方
位，在經典中很少被提及，因為普賢菩薩代表
一切菩薩行，所以他的淨土國度即遍滿一切諸
佛菩薩淨土世界。

因此，在這裡不像其他佛菩薩是以時間的
過去、現在、未來來區分他的淨土，而是以外
層、內層、秘密層、法身層四層來說明普賢菩
薩的淨土。

・普賢菩薩的外淨土──人間淨土

在此所謂的人間淨土，是指和世間相應的
淨土而言，而普賢菩薩的人間淨土，依《華嚴

經》〈菩薩住處品〉中指出，光明山即是普賢
淨土，這光明山即是指中國四川的峨嵋山。

　　峨嵋山與五台山、普陀山、九華山等，並
稱為中國四大名山。峨嵋山位於中國四川省峨
嵋縣的西南方，以山色秀麗著稱，古來即為普
賢菩薩的道場，又稱為光明山。道教則稱此處
為虛靈洞天。

　　此山脈由岷山伸展而出，崗巒疊起，氣勢
如虹，蜿蜒一百八十餘公里，周圍五六百公
里。全山突起三主峰，稱為大峨、中峨、小
峨，一脈相連，其高峰為萬佛頂海拔三〇九九
公尺，遍山林木聳立，處處流雲瀑布，煙雲山
水，素有「峨嵋天下秀」的美譽。自山麓至山
頂五十餘公里有七十餘寺院、四十餘山洞、百
餘石龕。其中聖壽萬年寺為普賢菩薩示現的中
心道場。

峨嵋山是普賢菩
薩的人間淨土

・普賢菩薩的內淨土

　　普賢菩薩的內淨土——東方世界，當我們心中清淨的法性自在的生起、顯現，自然與法性相應，這時會看見這個東方一切無量世界。

　　此世界的地面平坦如手掌一般，沒有堆阜、丘陵、荊棘。以琉璃鋪成的大地，黃金間側，琉璃大地上有寶樹，寶樹高妙五千由旬*，寶樹常自然流出黃金、白銀、七寶等莊嚴，樹下也自然有寶莊嚴的師子座；其師子座高約二十由旬，座上也放射出百寶的光明。像這樣的寶樹及寶座，每一個寶座上都有五百隻白象，而白象上也都有普賢菩薩安坐其上。

　　這是《觀普賢菩薩行法經》描寫，普賢菩

———— 解說 ————

・由旬　印度的里程單位，大約等於四十哩。

薩所顯現的淨土——東方世界。

·普賢菩薩的祕密淨土

普賢菩薩的祕密淨土，是對我們一般人而言，因為這是只有與普賢菩薩同地以上的大菩薩與諸佛才能相應這祕密淨土，也就是蓮華藏世界海。

在《華嚴經》八十卷〈入法界品〉中對這世界有詳盡的描寫：善財童子看見普賢菩薩身上的每一個毛孔，都現出所有世界微塵數的光明遍滿法界、虛空界、一切世界，滅除了所有眾生的痛苦，凡是看到這景像的菩薩，沒有不生起大歡喜心。

善財童子在普賢菩薩的毛孔中看見種種不可思議的世界，這是海印三昧所現起的蓮華藏世界海，也就是普賢菩薩的祕密淨土。

普賢菩薩

　　而普賢菩薩的法身淨土就是法界藏身的普賢身。

　　看到這裡，我們是不是覺得很不可思議呢？普賢菩薩的淨土，完全超乎我們人間的想像。

　　在《華嚴經》中還記載普賢菩薩的「法身淨土」，這個淨土連具有大神通的菩薩們都看不見，但事實上普賢菩薩就在他們身邊呢！

普賢菩薩的相貌

　　普賢菩薩的形象通常是騎在白色的大象上，手上的持物如同其他本尊一般，也不是固定不變的，有的手持金剛杵，或是蓮花、摩尼寶珠，也有的拿著　卷書。

　　菩薩的形象其實不是那麼固定的，普賢菩薩常常會為了相應於各類眾生，而有不同的示現，如：在《法華經》中提到的普賢菩薩，他是東方淨妙佛土，也就是寶威德上王佛世界的菩薩；或者我們說他是峨嵋山上的菩薩，也就是在娑婆世界的菩薩；或說他是他方世界的菩薩等等，這都是隨著因緣的不同而展現不同的樣貌。

常見的普賢菩薩形象

　　一般我常見的普賢菩薩，通常是乘著六牙白象的造型。

　　在《觀普賢菩薩行法經》中，清楚而細緻的描述，普賢菩薩的身相，經中敘述普賢菩薩的色相殊妙而且非常廣大無邊，如果以我們現在一般人的身高與普賢菩薩大小的比例，我們站起來大概只到他腳掌部分高而已，所以當他要降臨我們這個世界時，必須縮小他的身相。

　　普賢菩薩出現時會乘坐著具有六牙的白象，象頭上有三個化人，一個持著金輪，一個持著摩尼珠，一個執著金剛杵，舉杵擬象，象即前行。象背上鞍有金鞍，鞍的四面有七寶柱所成的寶台，寶台中有七寶蓮花，普賢菩薩即結跏趺而安坐其上。

這樣的普賢菩薩
常常看到。

普賢菩薩的身上為白玉色有五十種光明，又以五十種色的光明作為項光，身上的所有毛孔皆流出金光，其金光端有無量的化佛，無量的化佛有諸化菩薩以為眷屬。

普賢菩薩在密教中的形象

普賢菩薩在密教中有各種不同的形象。

在金剛界曼荼羅*中，普賢菩薩是賢劫十六尊之一，安置於北方四菩薩中的最下位。

在微細會中，普賢菩薩的形像是左拳安置

────── 解說 ──────

· 金剛界曼荼羅　以大日如來為中心的諸尊配置圖，共有金剛界、胎藏界兩種。金剛界曼荼羅以界線區分九等分，稱為金剛九會。九會分別是：成身會、三昧耶會、微細會、供養會、四印會、一印會、理趣會、降三世會、降三世三昧耶會等九會。

身為白玉色
身上所有毛孔
流出金光

三個化人
一個持金輪
一個持摩尼珠
一個持金剛杵

象腳沒有踏
在地上，離
地約七尺

六牙
六個浴池
（代表六波羅蜜）

七支跊地
（代表七覺）

普賢菩薩的形象

43

於腰前，右手執著利劍。

　　在供養會的普賢菩薩則是以兩手執蓮花，舉胸前，蓮花上有利劍。

　　在降三世會的普賢菩薩形像，與供養會中的形像大致相同，其差異只是利劍周圍有火焰。

　　另外，在胎藏界曼荼羅中，中台八葉院及文殊院中都列有普賢菩薩。

　　在中台八葉院的普賢菩薩，坐於東南方的蓮花上，身為白肉色，頂戴五方佛寶冠，左手以大指、食指執持著蓮花，蓮花上有火焰圍繞的利劍，右手開臂伸掌仰掌，屈無名指、小指。

　　在文殊院的普賢菩薩位於文殊菩薩的右後方，左手執著青蓮花，上面安置三股杵，右手掌向外，大拇指和食指、中指相捻，伸無名

微細會的普賢菩薩形象

供養會的普賢菩薩形象

這是普賢菩薩在金剛界的形象。

降三世會的普賢菩薩形象

中台八葉院的普賢菩薩

這是普賢菩薩在
胎藏界的形象

文殊院的普賢菩薩

46

指、小指而立，安置於胸前。

普賢延命菩薩

　　此外，守護我們的普賢菩薩有增益、延命的特德，所以當菩薩安住於「增益延命三昧」的境界時，就示現為普賢延命菩薩。

　　普賢延命菩薩的形象，有二臂像及二十臂像兩種。依據經典記載，普賢延命菩薩的二臂像是「如同滿月童子，頭戴五佛頂冠，右手持著金剛杵，左手持著召集金剛鈴。坐於千葉寶蓮華，華下有白象王。象王足踏金剛輪，輪下有五千群象。」

　　而二十臂的普賢延命菩薩像則通身是金黃色，頭戴著五智寶冠，左右各十隻手，各持著不同的法器，坐於千葉蓮華之上，蓮華下有四隻白象，這和二臂像座下有千群象不同。

這是普賢延命菩薩的形象

身相猶如虛空的普賢菩薩

經中還記載著普賢菩薩的各種不可思議的身形和不同的示現，在《華嚴經》〈盧舍那佛品〉的偈頌記述普賢菩薩的身形。

經中說普賢菩薩坐在蓮華獅子座上，以這樣的身相示現遍於一切世界。而普賢菩薩身相猶如虛空，觀身無量，為了普遍相應各類眾生而示現各種化身。

善財童子所觀察的普賢身相

在《華嚴經》〈入法界品〉中記載，善財童子觀察普賢菩薩的身相，相好肢節，每一個毛孔都有不可說不可說的佛剎海；每一個剎海中都有諸佛出興，被無量的菩薩共同圍繞。他又看見這些剎海有種種的建立、種種的形狀、

種種的莊嚴、種種的大山圍繞四周，種種的色雲更彌蓋虛空，有種種佛陀出興、演說種種法門，如此等等的事，都各各不同。

又看見普賢菩薩在每一個世界海中，示現出佛剎微塵數的佛化身雲，遍滿十方一切世界，教化眾生，使他們都能趣向無上正等正覺。這時，善財童子又看見自己在普賢菩薩身內的十方世界教化眾生。

善財童子在普賢菩薩的毛孔剎中，每走一步就過不可說不可說佛剎微塵數的世界。

普賢菩薩的身相著實不可思議，這和我們一般所認識普賢菩薩的身相完全不同，讓我們對於菩薩身相的見解有更寬廣的看法。

普賢菩薩的咒語與
手印

　　當我們誦念普賢菩薩的咒語時，可以結手
印來相互配合，可以增加修法的功力。

　　咒語本身，一般只是音譯持誦而已，因為
在這樣的因緣中唱誦如是的咒語，除了義理外
也蘊含了身心的特殊作用，所以我們模擬其音
聲是有原因的。

　　真言（nantra）是梵語曼怛羅的漢譯，這
個辭彙不是密教所特有的，而是承襲古代婆
羅門教的語辭，後來密教再將其內義昇華、淨
化，引入其中。因此形成為如來身、語、意三

密中的語密。由於如來的言語真實契理，全無虛妄，因此稱為真言。換句話說，真言就是象徵諸法實相的祕號名字。

手印，又稱為印契，現在常常是指密教修法時，修行者雙手與手指所結的各種姿勢。

佛菩薩及本尊的手印，象徵著他的特殊願力與因緣，所以當我們與他們結相同的手印時，會產生特殊身體的力量和意念的力量，這是相應於佛菩薩身心狀況。

在密教中，手印屬於佛菩薩身體、語言、心意三密中的身密。

廣泛的身密不是只有手印而已，任何的體姿都是屬於身密的範圍。

我們平時看到佛菩薩本尊等的圖像、塑像，多是以他們身上的持物或手印來判定其尊名。

其實，不論是阿彌陀佛、釋迦牟尼佛、不動佛或藥師佛等，在他們住世的因緣中所結的手印也有彼此相同的。所以，用手印及持物來判斷尊名，也不是絕對的分辨方法。但我們若單一的來看各個佛像，從手印還是可以了知其特別的願力、因緣及特別的悟境，乃至其成道、說法時的特別狀況。

 ## 普賢菩薩根本印

雙手外縛，兩中指指端相合豎立，又名為三昧耶印、根本印。

【真言】

三昧耶　薩怛鑁

samaya　satvaṁ

普賢菩薩手印

這是胎藏界中台八葉院普賢菩薩的手印。兩掌相合，十指合攏，兩掌內成空心圓狀。

【真言】

| 南麼 | 三曼多勃馱喃 | 暗 | 噁 | 沙訶 |
| namaḥ | samanta-buddhānāṃ | aṃ | aḥ | svāhā |

普賢延命菩薩手印

> 雙手各作金剛拳，兩食指伸
> 展，以右食指壓左食指，兩相
> 勾結，置於頂。

【真言】

唵	縛日羅喻曬	吽吽	尸棄	沙訶
oṁ	vajrayuse	hūṁ hūṁ	śikhi	svāhā

普賢菩薩的種子字

　　種子字所代表的意義是：我們可經由種子
字來了解佛的智慧；以「種子」的意義，可以
出生花果的意義，比喻種子字也是一切法的根
源，具足法爾本來的性德，所以密教的本尊多
以梵文的種子字來作為表徵。

　　種子字：🜨（hūṁ）或 🜨（aḥ）或
🜨（aṁ）或 🜨（ka）

普賢菩薩的三昧耶形

　　三昧耶形是密教中表示諸佛菩薩或諸尊本
誓而形象化，而三昧耶曼陀羅則是以各種形象
來表達諸尊的本誓。

　　普賢菩薩的三昧耶形為五股杵。

普賢菩薩的
三昧耶形：
五股杵

普賢菩薩的眷屬

　　普賢菩薩的特別護法為十羅剎女，經常隨侍在普賢菩薩身邊，是普賢菩薩的侍者。她們分別是：藍婆（意為結縛）、毗藍婆（意為離縛）、曲齒（意為施積）、華齒（意為施華）、黑齒（意為施黑）、多髮（或為披髮）、無厭足（別名無著）、持瓔珞（或名持華）、睪帝（或名何所）、奪一切眾生精氣。以上十位稱為「普賢十羅剎女」。

　　不論普賢菩薩走到何處，十羅剎女都隨侍於旁；因此肖龍者為普賢菩薩所守護，同時也會受到普賢十羅剎女的守護。

生肖御守護

普賢菩薩

普賢菩薩的身邊通常有十羅剎女隨侍。

60

普賢菩薩的感應故事

 誦普賢功德得以治癒痛病

在《大智度論》中記載，大月氏西邊的佛肉髻住處國，有一位身患癩風病的病人來至普賢菩薩法像前，一心皈依稱念菩薩的功德，希望以此念誦的功德來除去此病。

這時不可思議的事發生了，普賢菩薩像竟從右手發出光明照觸他的全身，他的癩風病即立刻除癒。

讀誦《法華經》感得普賢菩薩守護

另外，《大智度論》也記載，有一個國家，其國內有一位比丘，國王十分的敬重他，常常布髮讓他踩踏在髮上行走而過以表示禮敬。

有其他的比丘看見這種情形，非常不解地問國王說：「這位比丘有什麼特別之處？為何給予如此的大供養呢？」

國王便回答說：「有一天夜半，我想要見此比丘，於是前往他的住處，這位比丘正在洞窟中讀誦《法華經》，當時我看見一位金色光明人，乘騎著白象，合掌供養，我一接近光明人便消失了。

當時我立即詢問比丘大德，那金色光明人

是誰？為什麼我一接近，金色光明人便消失了？

　　比丘告訴我：『金色光明人即是普賢菩薩。普賢菩薩曾經說過：「如果有人讀誦《法華經》，我當乘著白象來守護他。」因為我讀誦《法華經》的緣故，所以普賢菩薩依其誓願前來守護。』因此，我才會如此敬重他。」

誦《法華經》感得普賢菩薩示現

　　依據蓮社《高賢傳》記載，曇翼法師，持誦《法華經》長達十二年。

　　有一天，一位穿著美麗的女子提著竹籠，手拿兩根大蒜，旁邊還跟著一頭白豬。她來到法師的面前說：「大師！我入山採野菜，太陽已西斜，豺狼四處縱橫，回家的途中恐怕發生

危險，是否可請求師父讓我留宿一晚？」

　　法師極力拒絕，而女子卻一直苦苦哀求，於是就將床讓出，讓她在草床上休息。

　　到了半夜的時候，女子突然腹痛，痛苦萬分，於是便請求雲翼師幫她按摩來停止她的痛苦。曇翼法師因為持守戒律的緣故，不可以碰觸女子而拒絕了她。然而女子的哀號聲卻更嚴重了，他只好用布裹著錫杖，遠遠地為她按摩。

　　隔天清晨，女子身上的采服化為祥雲，而帶來的白豬變成白象，兩根大蒜則化為兩朵蓮花，至於那女子則凌空而上消失無蹤。

　　原來這是普賢菩薩特來測試，因為曇翼誦念《法華經》，感得普賢菩薩化為女子前來。

普賢菩薩的靈驗事蹟

依據《太平廣記》的記載，開元初同州界有數百家為東、西普賢邑社，都建造普賢菩薩的尊像，而且每日都設齋。

東社邑家青衣（婢女）在齋日生子，於是這孩子被命名為普賢。

當普賢十八歲時，在邑社裡打雜，什麼工作他都要做。有一天在設齋之日，普賢忽然推倒普賢菩薩的身像，然後自己就坐在原本放置普賢菩薩尊像的地方。邑社的長老、看到的人們全都非常生氣，不僅大聲罵他，甚至要動手打他。

這時，普賢笑著說：「我是因為與你們心志相應的緣故而出生在此，你們見到真正的普賢，不僅不能加以尊敬，反而去祈求這個土製

塑像，有何益處呢？！」

說完，普賢忽然變化成身黃金色的普賢菩薩，乘著六牙白象，向空中飛去，放出大光明，並有天花、綵雲五色相映。

於是邑社長老才體悟這是普賢菩薩示現的大作用，心中甚為驚奇又感到慚愧。

而西社為普賢邑設齋者，僧人才剛剛集聚，設齋的大眾中，有一個懷孕的婦人走進普賢殿堂中，忽然間就要臨盆了。

由於產婦生產被視為極不淨，大家急著將她趕出去，卻來不及了。結果她在普賢菩薩座前產下一男嬰。

然而，因為剛產下男嬰，產後景狀非常污穢不淨，大家又不敢將這些污穢拿出去，於是大眾更忿怒地辱罵這名婦人。

忽然之間，婦人所產下的男嬰變化為普賢

菩薩，光明照耀，相好端嚴殊麗，那些產後的
污穢之物都化成了香花，菩薩於是乘著白象騰
空，一會兒便消失了踪跡。

　　當地的父老們看到普賢菩薩這不可思議的
化現，都自恨愚癡，不識得普賢菩薩。

第 3 章　祈請守護

怎樣拜最靈

　　我們肖龍者應該如何祈請普賢菩薩的守護
呢？

　　一般我們可在家中供奉普賢菩薩的尊像，
然後每天早上奉茶、上香、拜拜，拜拜時，可
以告訴普賢菩薩我們的請求，祈請普賢菩薩守
護幫忙。這是最平常見到的祈請方式。

　　最簡單的拜拜方式是：晨起梳洗完畢，給
普賢菩薩供上三杯新泡的茶（開水也可以），
焚點上好的香（如沉香），然後禮拜三次（三
問訊或三叩拜）。

　　我們頂禮*時，先雙手合掌，然後屈膝下
跪時，先將右手置於前方地上以支撐身體，接

1. 梳洗乾淨

2. 供上三杯茶

3. 上好香

4. 禮拜三次

這樣拜拜
我也會！

著放下左手，接著右手前進一步，讓雙手平齊
放在地上，再弓身以頭觸地，然後雙手翻掌承
接普賢菩薩的雙足。

　起身時，手掌向上的雙手，翻掌為向下，
撐著地面，右手先收回身側，將身體支撐起
來，再緩緩起身直立，就完成一次的頂禮。

　如果心中有所祈求，可以繼續跪著，心中
默想祈求的事，可嘴巴默念或心中想。當我們
專一誠敬地告訴普賢菩薩我們的心事與願求
時，普賢菩薩會收到我們的訊息而給予我們加

───── 解說 ─────────────────────

· 跪拜頂禮

　頂禮的由來原是印度人最高禮敬的方式，以兩膝、兩
肘及頭著地，以頭頂敬禮，雙手承接所禮者的雙足。
所代表的意義是以身體最高的部位——頭頂，來碰觸
所禮敬者最低卑的雙腳，象徵最高的禮敬。

持與護佑。

　　如果所處的環境沒辦法頂禮，該如何是好呢？

　　我們可以行問訊＊禮。這問訊的方式也是印度人向師長尊上合掌鞠躬，請問生活起居安泰的禮儀。所以當我們進寺廟或是場地有所限制時，都可以用問訊禮敬。

―――― 解說 ――――

・如何問訊

　問訊的方法是：雙手先合十敬禮，弓身敬禮時，合十的雙手跟著往下順勢做問訊的手印，即：左手的後三指往內屈指，右手的後三指覆於其上，二食指豎直指尖相接，二大拇指也豎直相接。再將手印舉至額前禮敬，然後將手印收至胸前自心輪散印。

如何祈請普賢菩薩

要跟普賢菩薩說什麼

祈請時，如果你不知道要跟普賢菩薩說什麼，可以用以下的方式來表達。

先跟普賢菩薩自我介紹說：我是某某，某年某月某日出生。然後說出自己的問題、煩惱，請求大慈大悲的普賢菩薩，慈悲自己，幫忙解決煩惱的問題。說完時，要想普賢菩薩已經很高興的答應我們的請求。

如果心情不好，或是有心事自己無法解開，也可以在此時傾訴給普賢菩薩聽，普賢菩薩就像自己最親近的長輩，一定會用他智慧的

台北郵政第26～341號信箱

普月文化有限公司

廣告回信
台灣北區郵政管理局登記證
北台字第8490號

姓名：

地址：

　　市

縣　　鄉鎮
市區

路(街)　　段　　巷　　弄　　號　　樓

請寫郵遞區號……………………

普月文化有限公司
讀者回函卡

請將此回函卡寄回，我們將不定期地寄給您最新的出版資訊與活動。

購買書名：＿＿＿＿＿＿＿＿＿＿＿＿＿＿＿＿＿＿＿＿＿＿＿＿

購買書店：＿＿＿＿＿＿＿＿＿＿＿＿＿＿＿＿＿＿＿＿＿＿＿＿

姓　　名：＿＿＿＿＿＿＿＿＿＿＿＿＿　性　　別：□男　□女

住　　址：＿＿＿＿＿＿＿＿＿＿＿＿＿＿＿＿＿＿＿＿＿＿＿＿

E-mail：

連絡電話：(O)＿＿＿＿＿＿＿＿＿＿＿　(H)＿＿＿＿＿＿＿＿＿＿

出生年月日：＿＿＿＿＿＿＿年＿＿＿＿＿＿月＿＿＿＿＿＿日

學　　歷：1.□高中及高中以下　2.□專科　3.□大學　4.□研究所及以上

職　　業：1.□高中生　2.□大學生　3.□資訊業　4.□工　5.□商
　　　　　6.□服務業　7.□軍警公教　8.□自由業及專業　9.□其他＿＿
　　　　　職務：＿＿＿＿＿修持法門：＿＿＿＿＿依止道場：＿＿＿＿

本書吸引您主要的原因：
　　　　　1.□題材　2.□封面設計　3.□書名　4.□文字內容　5.□圖表
　　　　　6.□作者　7.□出版社　8.□其他＿＿＿＿＿＿＿＿＿＿＿＿

本書的內容或設計您最滿意的是：

＿＿＿＿＿＿＿＿＿＿＿＿＿＿＿＿＿＿＿＿＿＿＿＿＿＿＿＿＿＿

對我們的建議：

＿＿＿＿＿＿＿＿＿＿＿＿＿＿＿＿＿＿＿＿＿＿＿＿＿＿＿＿＿＿

我是大龍，長久以來缺乏執行力，祈請慈悲的普賢菩薩，保祐我有像您一樣的執行力。

哇！慈悲的普賢菩薩答應我的祈求了！

雙眼注視著我們，傾聽我們虔敬的訴說。

　　如果沒有事情需要幫忙解決時，也可以告訴普賢菩薩自己的志向，像是想要在自己的專業上成為一位頂尖優秀的人才，成為一位好的實踐者、好的父母親等等。也可以期許自己能夠像普賢菩薩一樣，具足廣大的願力與行動力，完成自己的理想事業，然後想像普賢菩薩已經答應我們的請求。

　　如果知道自己的個性上有哪些不足，也可以告訴普賢菩薩，希望自己能有所超越。例如自己的個性很溫吞，什麼事都要拖好久才會去實踐執行，就跟普賢菩薩祈請：

　　我希望能改變自己溫吞的個性，學習像普賢菩薩一樣具有迅速的行動力與智慧，可以在有限的生命時光中，迅速完成很多良善的事情。希望普賢菩薩滿足我的心願。

然後想像普賢菩薩微笑的應允自己的祈願。

完成滿願的動作

　　凡是積極向上的心願，我們都可以祈請普賢菩薩的加持、守護。當我們說完時，很重要的一件事，就是要想普賢菩薩很高興的答應我們的請求，不要只是說說就算了，這個動作一定要完成，有助於我們心願的達成。

召請普賢菩薩的守護

　　與普賢菩薩連線溝通的方式，最直接簡單
的就是誦念呼喚普賢菩薩的暗號，這暗號可以
是普賢菩薩的名號或是普賢菩薩的真言。

　　這暗號就像是電話號碼，如同我們要找某
人時，就打電話給他，因此，只要我們專一誠
意地誦念普賢菩薩的真言或是名號，普賢菩薩
就會聽到我們的呼喚。

　　我們呼喚普賢菩薩一定要出自內心真誠的
祈請，平常就要常常誦念普賢菩薩的真言或是
名號，如此才能維持我們與普賢菩薩良好的互
動關係，當我們需要普賢菩薩的守護幫忙時，
相互之間的聯絡管道才是暢通的。

　　若是持誦到功夫純熟，功力深厚時，說不定還能取得普賢菩薩的專線號碼呢！

　　我們祈請普賢菩薩的守護，很重要的一點是要了解普賢菩薩的心意；透過了知普賢菩薩的心，親切地與普賢菩薩相應，更能蒙受普賢菩薩的心意加持。

深刻了知普賢菩薩的心意

　　什麼是普賢菩薩的心意呢？

　　在《華嚴經》〈離世間品〉中曾經提到十種「普賢心」，分別是：大慈心、大悲心、施心、念一切智為首心、功德莊嚴心、如金剛心、如海心、如大山王心、安穩心、般若波羅蜜究竟心。這就是普賢菩薩的十種心。

　　由於普賢菩薩的十種心，所以他成就了普賢善巧智慧法門。同樣的，我們如果能具足這

79

普賢菩薩

十種心，不但能得到普賢菩薩深祕的守護，還能讓自己從內而外徹底改變，創造自己全新的命運，可說是吃了十全大補丸一般。我們現在就來看看這十種心吧！

1. 大慈心

「慈」是給予快樂，發起大慈心，所以能救護一切眾生。

2. 大悲心

「悲」是拔除痛苦，發起大悲心，能夠代替一切眾生受苦。

3 施心

發起施捨心，能夠捨棄所有的一切來利益眾生。

80

4. 憶念一切智慧為上首心

　　發起憶念一切智慧為上首心，如此能夠樂於求取一切佛法。

5. 功德莊嚴心

　　發起功德莊嚴心，能夠學習一切菩薩行。

6. 金剛堅固的心

　　發起如金剛堅固不壞的心，能夠在一切處受生而不忘失菩提正念。

7. 大海心

　　發起如大海心，因為菩薩的心宛如大海一樣深廣，一切潔白、清淨的法都能流入其中。

8. 大山王的心

發起如大山王的心，所以能忍受一切惡言，不為所動。

9. 安穩心

發起安穩心，所以能布施眾生一切所需，使他們毫無怖畏，心得安穩。

10. 般若波羅蜜究竟心

發起般若波羅蜜究竟心，所以能善巧觀察一切法都是空無所有，沒有不變的主體。

這是普賢菩薩的十種心，如果覺得要具備普賢菩薩這十種心太難了，請不要灰心，心中要如此想著，如果我們能一心恆常向普賢菩薩祈請，透過普賢菩薩的加持，進而隨時憶念、

學習這十種普賢心，那麼我們就能夠親切地受到普賢菩薩的守護，每天都有進步，如此，當時日久了，自然能時時安住在普賢菩薩的十種心，成為快樂的普賢行人！

 ## 由心意轉化為行動的普賢行

普賢菩薩的行動力是十分積極迅速的，因此我們除了了解普賢菩薩的心意外，更要體解普賢菩薩如何由心意轉化為實際行動的行動力。

在《華嚴經》卷五十三就提及由普賢心所發起的十種普賢行法，這十種普賢行法也是十種願望，先有深切的願望進而產生積極的行動力，這十種普賢行動的方法是：

一、願安住未來一切時劫。

二、願供養恭敬未來一切佛陀。

三、願安置一切眾生於普賢菩薩行。

四、願積集一切善根。

五、願深入一切波羅蜜。

六、願滿足一切菩薩行。

七、願莊嚴一切世界。

八、願生於一切佛刹。

九、願善巧觀察一切法。

十、願於一切諸佛國土成就無上菩提。

　　了解了普賢菩薩的十種行動的方法，聰明的生肖龍者，一定會如獲至寶，撿現成便宜，趕緊有樣學樣，也跟著普賢菩薩發同樣的願、行同樣的方法，成為普賢菩薩的同路人，自然能獲得菩薩特別的照顧囉！

　　如果我們能夠完全了知普賢心、實踐普賢願行，親切地與普賢菩薩相應，必能獲致普賢菩薩的慈悲護佑。

　　依據經典的記載，如果我們聽聞了普賢菩薩的名號，就能證得無上正等正覺，更何況我們不僅聞名，還能更進一步體解普賢心、實踐普賢行，那樣的功德更將不可思議的廣大。

　　普賢菩薩功德不可思議，在此我們很虔誠的稽首普賢菩薩的甚深恩德。

　　受到普賢菩薩的守護實在太殊勝了，他不僅滿足我們小小的請求，更守護我們到達圓滿的境界。所以我們生肖龍者，千萬不要放棄或輕忽了這麼好的機會！更不要辜負普賢菩薩對我們的殷勤守護之恩！

第 **4** 章　有求必應的
　　　　守護秘法

迅速累積福份資源的秘法

　　龍年出生的人受到普賢菩薩的特別守護，如果覺得自己的福德淺薄無法領受菩薩的加持，或是覺得自己常常很倒楣，想要增加自己的福德，那麼，普賢菩薩剛好有一個增加福份資源的方法，就是：普賢十大行願。

　　普賢十大行願的功德無量，能夠快速地滅除我們身心的種種苦惱，使我們沒有障礙的行動於世間，並且為所有的佛陀所讚歎，能夠讓自己成就究竟圓滿上好身相，於未來亦能轉生於極樂世界，是迅速積聚福德的殊勝法門。

十種迅速積聚福德的方法

一、禮敬諸佛

二、稱讚如來

三、廣修供養

四、懺悔業障

五、隨喜功德

六、請轉法輪

七、請佛住世

八、常隨佛學

九、恆順眾生

十、普皆迴向

這十種廣大行願是：一、禮敬諸佛，二、稱讚如來，三、廣修供養，四、懺悔業障，五、隨喜功德，六、請轉法輪，七、請佛住世，八、常隨佛學，九、恆順眾生，十、普皆迴向。

　　普賢菩薩的十大願行非常廣大，我們依循著普賢菩薩的行願方法，即使只學到一些皮毛，也可以快速增加自己的福德，生生世世受用不盡，何況是眼前小小願求！

　　所以請耐心仔細體會這具足善巧方便的普賢十大行願。學到一分，我們的福德就增廣一分，累積福德的速度也會加速一分，可說是生命最佳的投資喔！

 ## 禮敬諸佛

　　當我們做禮敬諸佛的動作時，不只是外在

動作，普賢菩薩的第一行願：「禮敬諸佛」是教我們將禮敬的方法升級。

除了禮敬的動作之外，就是禮敬時要生起甚深的信心與體解，以清淨的身體、語言、心意來禮敬十方中過去、現在、未來三世佛國剎土極微塵數的諸佛，乃至周遍禮敬不可說不可說佛剎微塵的佛陀，每一個念頭、每一個念頭都相續不斷，無有窮盡。

從今以後試著以這樣的方法來禮敬諸佛，讓我們在每一個禮敬的動作、心念中，累積無窮的福德。

稱讚如來

我們要常常稱讚如來，以清淨的語業來稱讚如來的種種功德，每一個音聲念念相續不斷——都是稱揚讚頌一切如來功德海。

91

我們從自身開始練習稱讚如來，這個稱讚如來的方法很特別的，不只是像我們平常讚美說的話，而是從我們的身、心中發出稱讚如來的音聲，再擴大到身心所有的氣脈，然後是全身的細胞、毛孔都是在稱讚如來；直至宇宙周遍法界都是稱讚如來的音聲。

如果能夠運用這樣的方法稱讚如來，會迅速累積我們的福德。

 ## 廣修供養

常以上好勝妙的供養具供養諸佛，而且常行諸多供養之中的最極供養——法供養。法供養大略可分為七種方法。

第一、如說修行供養。是要完全依照佛陀所宣說的、佛陀教導的修行方法，以及學佛的種種功德來修行。

以稱讚如來迅速累積福德的方法

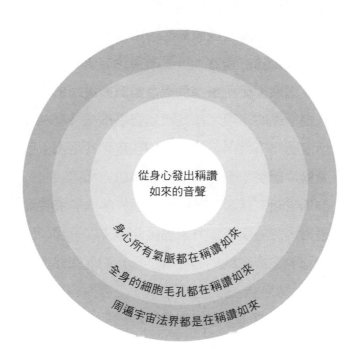

從身心發出稱讚
如來的音聲

身心所有氣脈都在稱讚如來

全身的細胞毛孔都在稱讚如來

周遍宇宙法界都是在稱讚如來

第二、利益眾生供養。我們除了要懂得禮敬佛陀、稱讚佛陀、供養佛陀，增加自己的善根福德，來幫助別人進行廣大救度眾生的事業，讓眾生得到種種利益。所以，利益眾生也是法供養的一種。

第三、攝受眾生供養。無窮無盡的佛陀在各個世界的示現，都是因為悲憫眾生耽溺在苦惱當中而不自知，發大悲心救度、教化眾生。所以，攝受眾生也叫法供養。

第四、代眾生苦供養。由於無窮無盡的佛陀，大悲心深切，為了要拔除眾生的苦痛，所以示現在染污的世界成佛。現在如果我們也學習如同佛陀一般，發起代眾生受苦的心，也就符合了佛陀的心意，所以也叫法供養。

第五、勤修善根供養。勤加修持善根，讓善根日益增加，能夠利樂眾生，使得眾生受到

法供養的七種方法

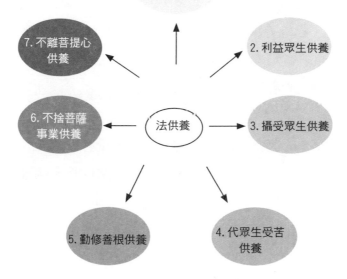

1. 如說修行供養

7. 不離菩提心
供養

2. 利益眾生供養

6. 不捨菩薩
事業供養

法供養

3. 攝受眾生供養

5. 勤修善根供養

4. 代眾生受苦
供養

利益、安樂。這也是切合佛陀的功德，所以也
是法供養之一。

第六、不捨菩薩事業供養。菩薩所修學的
事業，都是為了利樂眾生的，能夠一心一意修
習行持菩薩的事業，就是誠心誠意地利樂眾
生。常常不放棄利樂眾生的事業，也就是切合
佛陀的心意，所以也叫法供養。

第七、不離菩提心供養。菩提心即是菩
提，因此，如果可以時時不離菩提心，即能成
就佛道。所以，不離菩提心也叫法供養。像這
樣的七種供養，都是法供養。

當然，當我們對人們說法也是法供養，比
如我們安慰朋友也是一種供養；這樣的行為也
就是布施中的一種——無畏施。布施可分為法
施、財施、無畏施，以此為布施，即是供養。

而且明解能供養的主體、所供養的客體二

密法中的「入我我入」是真實的供養

供養也可以成為具體的修行方法，真不簡單。

者皆是空寂的，也沒有所謂「供養」這回事，一切都是如幻，這樣才能從空華中生起佛事，從如幻的心中不斷生起供養之心。

如果無法具足如幻之心，就有一個「我」存在，有我在供養，或是「我」做這件事是為了「你」等等，有相對性、差別性產生，有一個能供的主體、所供的客體，及所供的東西，這樣分別的見解其實是根本的錯謬，要千萬警惕自己。

在密法中有「入我我入」的修法，這方法就是將真實的供養成為具體的修行方法，這方法是：

我們觀想佛菩薩進入我們的身體、語言、心意，佛菩薩的身加持我們的身，如是我們的身就轉成佛菩薩的身；佛菩薩的清淨語加持我們的語，我們染污的語業就轉為佛菩薩清淨的

語；佛菩薩的心加持我們，我們的心即是佛菩薩清淨的心。如此一來，我們的身、語、意全部供養給佛陀。如果我們的身、語、意全部都清淨、隨順如來，這就是「無我」的境界，也就是真實的供養諸佛了。

　　能夠用以上的方法供養，可以迅速累積我們的功德。

懺悔業障

　　憶念過去無始劫以來，由貪心、瞋念、愚癡所造作的身體、語言、心意無量惡業，現在以清淨的身體、語言、心意三業，於一切諸佛菩薩前，誠心的懺悔，恆常安住在清淨戒律中。如此不斷在十方三世諸佛之前懺悔一切惡業。

　　以這種方法懺悔業障，可以迅速清淨我們

如此懺悔業障，可以迅速累積福德。

不斷在十方三世諸佛之前，懺悔一切惡業。

的身體、語言、心意、三業，訊速累積我們的福德。同時，過去的惡業清淨了，當下不再造作新的惡業，自然，我們的障礙會越來越少，當然就事事吉祥如意囉！

隨喜功德

要修學隨喜的功德，那是學習從無量無邊的宇宙法界，我們時時對一切眾生所作的一切良善業行、清淨的功德，都生起隨順歡喜的心，心中能隨順種種的因緣感同身受而代他人歡喜，這就是隨喜。

好比有人做某事做得很好，我們就直接地鼓勵、讚美。這其中也包含了讚歎，然而讚歎只是在隨喜中，特別著重於言語的表現的一項。即使我們只是心中稱讚他人，也是隨喜。

隨喜的人不會因為別人做得很好，好像搶

了自己的風頭，而對他人產生嫉妒之心；而是看到事情圓滿就歡喜了，這就是隨喜。藉由這樣的隨喜，我們還可以觀察到許多意想不到、不可思議的因緣。

除了隨喜諸佛功德之外，還要隨喜十方世界、六道四生，一切眾生所有功德，即使如一粒微塵般那麼小，我全部都隨喜。就像移開路上的石頭使行人免除障礙，或扶起跌倒的孩子等微細的功德，只要有一念善心生起，我們全部隨喜。

十方三世一切聲聞，及辟支佛、有學、無學，所有功德，我們全部都隨喜；一切菩薩所修無量難行苦行，志求無上正等菩提，廣大功德，我們全部都隨喜。

而十方三世的一切聲聞、辟支佛從初修道起所積聚的無量功德，我們全部都隨喜；一切

隨喜功德就是有人
生起一個善念，我
們都隨喜。

菩薩所修極難、極苦的道行，都是無窮無盡，
凡是立志求證正等正覺的一切廣大功德，一切
普賢行願我們也都隨喜。

接著是如何達到隨喜的現觀方法，就是讓
我們安住在實相中，心安住於如幻境界中，現
起蓮華藏世界海，十方三世一切諸佛從初發心
到成佛的過程，我們心中全部都清楚地現起、
讚歎隨喜。

開始時，我們可能無法觀察得如此微細，
但是心中卻可以發起「只要眾生生起一善念，
我都隨喜」的心，乃至二乘聖者所行、菩薩所
行，我們都全部隨喜。

如果可以如此觀照，就徹底證入究竟圓滿
生命的海印三昧境界，徹底無我，學習與普賢
菩薩一樣，遍於十方法界，遍及一切眾生心
行；一切眾生心行，我們皆現前了知，若一切

眾生心生起一念善念，一切二乘聖者、菩薩所
證福德、諸佛如來所有功德；他們的心生起善
念、福德、智慧、大悲時，我們當下生起同樣
的心念，等同隨喜。

　　因為無我空性的緣故，所以能夠遍滿一
切、遍及一切眾生，諸佛所行、心行都和我們
相應，當他們的心生起一念善時，我們就等同
隨喜，覺照到了就隨喜了，這是最後的境界。
如果我們無法立即達到這樣的境界，我們可以
從這樣的思惟開始練習。

　　我們依隨以上的方法隨喜，可以迅速累積
無量的福德。這可說是非常善巧的修行方法
喔！

 ## 請轉法輪

　　請轉法輪就是以身體、語言、心意種種方

便，殷勤勸請諸佛轉動微妙不可思議法輪來救度眾生。我們可以觀想十方三世過去、現在、未來諸佛成正等覺時，我們化身無量在其面前，以身體、語言、心意勸請諸佛轉動法輪。

如果我們能夠用以上的方法請轉法輪，可以迅速累積無量福德。

請佛住世

佛陀是依願力而存在，例如當釋迦牟尼佛將入涅槃時，好幾次提示阿難，如果有人請佛住世，佛陀是可以住世很久的。然而阿難當時被魔矇蔽了，並沒有請佛陀住世，釋尊便在娑羅樹林入於涅槃了。所以，我們對於一切佛剎將示現涅槃的諸佛、菩薩、聲聞、緣覺、有學無學，乃至一切善知識，都要勸請他們長壽住世。

我們如果能殷勤地勸請佛陀、大善知識住世，讓眾生因此有機會繼續蒙受教化、種植福田，便能夠增加無量功德。

常隨佛學

　　關於娑婆世界的毗盧遮那如來，及一切佛剎的一切如來，從初發心即精進不退，以身心性命布施，乃至於樹下成證大菩提，示現種種神通變化，化現各種佛身處於種種眾法會上，隨著眾生的樂欲而說法，乃至於示現入涅槃，對於這些種種的行為我們都隨順學習。

　　由於我們身處在娑婆世界，因此，我們以釋迦牟尼佛為導師，學習他的一切偉大願行；若是生處於極樂世界，則以阿彌陀佛為本師來學習。此外，我們與那位佛菩薩特別有緣，也可以特別隨學那位佛菩薩的行願。佛陀從出家

普賢菩薩

請佛住世很
重要啊！

108

修學，一直到成佛坐菩提道場，說法度眾生，
種種難行苦行，我們都跟隨學習。

　　普賢菩薩與我們生肖龍者有深刻的因緣，
所以我們可以隨學普賢菩薩隨順一切佛陀，也
隨順一切諸佛大願，成就一切諸佛淨土，如
此，便能夠迅數累積無量功德，讓自己一切所
行，越來越光明，越來越吉祥！。

恆順眾生

　　隨順十方剎土一切眾生的種種不同差別，
使他們豐足、平等，先使眾生心生歡喜，讓他
們能夠得到成證大悲心的因緣，而以大悲心隨
順眾生的緣故，能夠成就供養如來。

　　因為眾生都是我們多生多世的父母，有無
限的恩德，所以要使他們都圓滿成佛。當他們
有病苦時，就成為他們的良醫；當他們迷失了

109

正確的道路，要幫助他們循正道而行；在暗黑
的夜晚，為他們做光明；讓貧窮者得到埋藏的
寶藏，生活具足；如此饒益眾生，使其不但於
世間得到滿足，同時也要在出世間證得圓滿，
成證圓滿菩提。

　　菩薩如果能夠隨順眾生，就是隨順供養諸
佛；如果能夠尊重承事眾生，就是尊重承事諸
佛；如果能夠使得眾生心生歡喜，就是令一切
諸佛生起歡喜之心。

　　我們若能隨順一切眾生，就能隨順供養佛
陀。因為我們隨順一切眾生，就是視一切眾生
如佛陀，最後要使一切眾生成佛。如果尊重承
事眾生，就是尊重承事如來，如果令一切眾生
歡喜，則是令一切如來歡喜。

　　我們也可以先觀想我們的心，入於十方三
世過去、現在、未來一切眾生的心，隨順眾

生，供養承事，宛如供養如來一般，然後現觀一切眾生成證如來，生起廣大歡喜，來練習恆順眾生。

 ## 普皆迴向

從禮敬諸佛到恆順眾生，這一切所有的功德，我們全都迴向給眾生。

祈願一切眾生，常常得到安樂，沒有種種病痛苦惱；眾生如果做了惡事，祈願他們所做都不成功；眾生如果修習善業，則祈願他們迅速成就。

關閉一切趨向惡道的門，開啟人天涅槃的正確大道。如果是一切眾生，因為積聚許多惡業的緣故，感招一切極重的苦果惡報，我都願意代替他們承受，使得一切眾生都能自在解脫，而成就究竟的無上菩提，使他們都成就佛道。

原來恆順眾生是現觀
一切眾生成證如來，
願大家都是佛陀吧！

　　第十大願就是要將這所有的功德都迴向給
眾生，使他們消除一切壞惡的個性，而我們代
他們承受苦果。這樣的迴向沒有窮盡，而且相
續沒有間斷，一切功德迴向於究竟圓滿的無上
菩提，迴向給一切眾生，這就是普賢菩薩的十
大願王。

　　具足這十大願，隨順趣入，就能成熟一切
眾生，成證圓滿的生命境地，則能成就圓滿普
賢菩薩行願，這是最不可思議的普賢十大行
願。

　　若是我們能夠以深信的心受持、讀誦、書
寫普賢菩薩這十個大願，則能迅速除滅五無間
業﹡等，行為障礙，受到一切佛菩薩的稱讚、

―――― 解說 ――――

・五無間業　即殺父、殺母、殺阿羅漢、出佛身血、破和
　合僧。造此五罪必墮無間地獄受苦，故稱五無間罪。

人天的禮敬、眾生的供養、圓滿普賢所得的功
德，成就微妙色身，乃至在這期生命終結後往
生極樂世界，親見阿彌陀佛、文殊師利菩薩
等，蒙受佛陀授記等等。

　　普賢菩薩的十大願行非常的廣大與崇高，
如果我們能夠練習以上的方法，假若只學到少
分，也能迅速累積無量的福德資源與福份。

消除業障的秘法

　　我們生命中的許多障礙、不圓滿，種種業障，都是心的種種煩惱，推動我們的眼、耳、鼻、舌、身、意等六種感官，造下種種惡業而形成的業報。

　　普賢菩薩有一種很特別的方法，是透過眼、耳、鼻、舌、身、意等感官的清淨練習，來消除我們的業障。

　　首先，我們在供桌上放置莊嚴的普賢菩薩法相，然後盡自己的能力以淨水、香及豐盛的供品供養。

　　在衣著上我們穿著清潔的服裝，心中安祥平靜，並且將我們的身體、語言、心念盡量往

內收攝、淨化，來開始清淨我們的感官。

　　首先我們建立一個觀念，對於其他的人我們都要視他們是自己的父母，而且想著自己與佛陀其實沒有差別，而一切眾生也是如此，全部眾生都是圓滿的佛陀。

　　建立這個觀念之後，我們觀想虛空中現出普賢菩薩乘著六牙白象，身相非常的莊嚴彷若金山一般，具足圓滿的三十二相，全身的毛孔都放射出無盡的光明。

　　然後我們心中要想著，我們的感官所產生的問題，很多都是我們自身造成的。我們往往都是以自己不好的習慣、脾氣、愚痴，讓自己的身體、語言、心念與感官造作出很多的惡業，在自己的身上烙下痕跡，產生了所謂的業障。

　　要了解其實業障的大海是很虛幻的，罪業

就如同霜露、水泡、影子一般的幻化無實，了
悟一切罪障其實是不可得的。因為我們認為有
業障，所以就有了對治的方法。以下的方法可
以清淨我們六種感官的罪業。

清淨眼睛

如果要清淨眼睛，我們要開始回想自己是
如何對眼睛造下許多惡業。

這裡的回想是想得很細的，想想自己是如
何看東西？是不是用很貪愛的心情與眼光，看
著自己所喜歡的對象？

例如看見漂亮迷人的女人、英俊貌美的男
人，自己是不是很貪愛地看著，沈迷在其中，
被物像抓走了，讓我們成為貪愛的奴役，造成
眼睛的障礙。而眼睛因為被外面的萬事萬像抓
住了，越來越往外凸出。

回想自己用眼睛做了多少不好的事？然後讓自己陷入這樣的後果，因此要懺悔自己的作為。

　　我們現在以諸佛菩薩的智慧光明法水來洗滌，使我們的眼睛清淨。

　　所以我們遍禮十方一切佛陀，向釋迦牟尼佛、大乘經典懺悔眼睛的障礙，使我們的眼睛清淨。

　　然後就誦念以下這段經文：

　　「我今所懺眼根重罪，障蔽穢濁，盲無所見。願佛大慈，哀愍覆護；普賢菩薩乘大法船，普度一切；十方無量諸菩薩伴，唯願慈哀，聽我悔過，眼根不善惡業障法。」

　　將這段經文念誦三遍後，接著做五體投地的大禮拜。

　　這個方法的功德可以幫助我們去掉眼睛的

1. 回想自己用眼睛所做的不好
   事情，懺悔自己的作為

2. 遍禮十方一切佛陀，向
   佛′大乘經典懺悔

3. 做大禮拜

這是清淨眼睛
業障的方法

4. 安住正確的見地中

121

一切障礙，其過程就像融煉黃金一般，煉成非
常柔軟的黃金，使我們的眼睛不會剛強緊張，
而變得更加柔軟、清淨，可以觀察到清淨的妙
色。

 ## 清淨耳朵的方法

　　如果我們要清淨耳根、耳朵，我們在普賢
菩薩前，至心誠懇地懺悔耳朵所造成的眾多惡
業。

　　長久時間以來，我們的耳朵隨逐著外在音
聲而不能分離。你是否發現當我們聽到美妙的
音聲時，我們的心便隨著美妙的音聲而走了，
心迷惑於這美妙音聲當中。就像我們聽到讚美
自己的話語，我們是多麼的喜悅，心便追隨著
這讚美聲音而走，聽到美妙的樂音、歌聲也是
如此。

聞聽到不好的音聲時，就生起種種煩惱。像聽到難聽的聲音或是被罵時，就心情煩躁或生起討厭、憎恨的心，不想再聽了。但是討厭、不想聽也是一種執著，因為你會執著這聲音很討厭，因此你的心也被吸走了，而生起很多的煩惱與不安的心情。

　　耳朵如果聽了很多不好的事情，藉由耳朵學習了很多害人的惡事，隨著不好的聲音的因緣，而隨入到不好的地方，或因而從事不正當的職業、做惡事，讓心處處迷惑著，無法暫停歇息，疲勞我們的神識，而隨之墮入三惡道之中。

　　我們聽習慣了不好的聲音，因此很多好的建言、對我們有益的事情，反而聽不入耳，這就是耳朵的障礙。

　　這種種耳朵所作的惡事，我們到現在才真

1. 懺悔耳根的惡業障礙

2. 皈命禮敬諸佛、普賢菩薩，
   隨順普賢菩薩耳根懺悔

3. 五體投地深深禮敬

這是清淨
耳根的方法

4. 安住正確的見地實相真理之中

實覺悟到，因此我們可以多多誦念大乘佛典，皈命於諸佛、普賢菩薩，我們隨順普賢菩薩的方法，懺悔我們的耳根惡業障礙，坦誠過去所造的罪業不再有所隱藏，然後五體投地深深禮敬，安住在正確的心念之中。

我們過去耳朵所造作的許多罪業，以空性的緣故，我們及所有眾生的耳根都懺悔清淨無可染污。

 ## 清淨鼻根的方法

如果我們要清淨鼻根、鼻子，則應以至誠的心懺悔自己的鼻根，無量劫以來由於鼻根的因緣，因為貪著各種香味的緣故，而產生迷惑執著，產生各種好壞的分別心、生起貪愛跟執著的心，糾纏在其中而墮落生死輪迴，受到痛苦的業報。

其實諸佛菩薩的功德香是遍滿法界的，我們現在生處的世界中，由於自己鼻子的障礙，而無法聞嗅到。

　　從現在開始我們誦唸大乘清淨微妙佛典，我們皈命諸佛普賢尊，懺悔我們的鼻子所造的惡業障礙，面對自己過去所造的罪業而不再隱藏。

　　我們一心禮敬供養，安住在正確的觀念之中，依於實相真理的因緣，清淨了所有的罪業，由於我們如此虔心懺悔，我們自身及眾生的鼻子因此懺悔而清淨。

　　我們的鼻根透過這樣的方法，清淨了鼻根所造作的惡業，而清淨了鼻根。

生肖御守護

普賢菩薩

1. 懺悔鼻子所造的惡業

2. 皈命禮敬諸佛、普賢菩薩，
隨順普賢菩薩鼻根懺悔

128

3. 大禮拜禮敬供養

這是清淨
鼻根業障的方法

4. 安住在正確的見地中

普賢菩薩

清淨舌根的方法

　　如果我們要清淨舌根、舌頭，首先我們至心懺悔，長久時間以來舌頭所造成的許多惡業，以舌根造作惡業來傷害人，像是說虛妄的話語、不好的話語、講別人的壞話、或是搬弄是非、講說無意義的話、讚歎錯誤的見解等等，我們的舌根所造作的過患真是無邊無量；而且很多惡業的刺激更引發舌根出現許多惡業，惡舌常常斷了我們功德的種子。

　　說了很多不正確的見解，還義正詞嚴，對於錯誤的見解讚歎有加，由於造作這些惡業而墮於惡道，因為說了很多虛妄的語言而墮入地獄之中，經過百劫千劫卻沒有終結的時候，舌根罪垢無法了斷。

　　現在我們開始誦念大乘經典與諸佛深秘法

藏，皈命於諸佛普賢尊，至誠地懺悔舌根的惡業障礙，回想坦誠過去舌根所造作的諸多罪障，然後五體投地深深禮敬。安住在正確的觀念之中，以實相的因緣清淨舌根所造作的各種罪業，我們的舌根皆懺悔清淨。

　　我們的舌根因為這樣的練習，而清淨了舌根所造作的惡業，因而清淨了舌根。

清淨身根的方法

　　如果我們想要清淨身根，則於諸佛普賢尊前至心懺悔身根於久遠時間以來所造作的種種惡業。長久以來我們的身根貪愛執著於「觸」感，貪著沈迷在身體觸感的快樂之中，為此而引起種種煩惱不斷地熾然生起，造成自己做出殺人、偷盜、邪婬等不好的事情，因而和很多人結下大冤仇，像這樣的罪行無邊無量。

1. 懺悔舌根的惡業障礙

2. 皈命禮敬諸佛、普賢菩薩，
隨順普賢菩薩舌根懺悔

3.大禮拜禮敬供養

4.安住在實相真理中

這是清淨
舌根業障的
方法。

　　我們從身業所造作的許多罪障，真是無量
無盡，如果犯下很深重的罪業，在未來世中甚
至會墮入地獄之中而遭受猛火燒焚，產生無量
億劫大苦惱。

　　其實諸佛菩薩的清淨光明平常就照耀我
們，然而因為我們身根造下許多重罪的緣故，
對於佛菩薩光明的注照無法覺知，反而貪愛執
著惡觸而遭受眾多苦難，然後又因此遭受三惡
道的大苦惱，我們沉沒在其中輾轉輪迴卻沒有
覺知，反而很習慣地沉溺在其中。

　　現在我們開始讀誦大乘經典真法藏，皈命
於諸佛普賢尊，誠心懺悔自己身根所造下的種
種惡業障難，真心懺悔過去所造成的罪業而不
再隱藏，然後五體投地深深禮敬三次，讓心安
住在正確的觀念之中，由於體悟實相真理的因
緣而清淨我們許多的罪業，因此懺悔清淨我們

的身根。

　　我們懺悔自己所做的惡業，回想自己做過的種種惡事，不再讓黑暗的記憶隱藏於內心深處，由於自己深刻的懺悔，了解罪業如同霜露虛妄不實在，因為安住在如幻空性的緣故而清淨了我們的業障，而清淨了我們的身根。

 ## 清淨心意識的方法

　　如果我們想清淨自己的心意識，我們可以至心懺悔心意識從無始以來，固執地執著各種心念，隨著所經歷的各種境界生起貪心、忿怒、愚痴。許多的妄想、邪念出生了無邊的業海，造作了很多的惡業。處處貪愛、執著生起雜染，遍至一切各種感官而使眼、耳、鼻、舌、身意等造作種種惡業，增長了煩惱、老、死等等痛苦。

生肖御守護

1.懺悔身根的惡業障礙

2.皈命禮敬諸佛、普賢菩薩隨
　順普賢菩薩身根懺悔

3. 大禮拜禮敬供養

4. 安住在正確的見地中

這是清淨
身根業障的
方法。

　　無量的眾惡都是由於心意識所生起，這是
我們生死的根本，眾多痛苦的根源。

　　釋迦牟尼佛名為「普明」，表示他的身體
遍於一切處安住於常寂光*中，諸法現前，在
法爾清淨寂靜解脫，而我們卻在妄想分別中
遭受很多煩惱痛苦，其實我們已經置身在清淨
的世界中卻到處所見都是不清淨，在現前解脫
沒有煩惱中卻生起了種種煩惱，將自己糾纏縛
綁。

　　我們從現在開始覺悟，心中生起慚愧之
心，開始宣說、修行、受持大乘佛法，皈命諸

───── 解說 ─────

・常寂光　又稱為寂光淨土，是諸佛法身所居的淨土，
　乃諸佛自證是極祕藏之土。由於此淨土無生滅變化所
　以名為「常」，無煩惱擾亂名為「寂」，智慧的光明
　遍滿所以名為「光」。

佛、普賢尊，懺悔心意識惡業罪障，回想、坦誠過去所造的罪業不再隱藏在內心陰暗處。

　　然後作三次深深的禮敬皈命，安住於罪業如霜露、虛妄不實的正確觀念，由於體解實相真理的因緣而清淨所有的惡業，我們的心意識清淨，及至六根的所有惡業，過去、現在、未來全部都究竟懺悔畢竟清淨，實相懺悔自然圓滿。

　　以上每一個步驟都可以單獨練習，或一起練習。

　　普賢菩薩教我們的懺悔法門，這方法可以很迅速地清淨我們的內在與外在障礙，幫助我們的眼、耳、鼻、舌、身、意六根，變得柔軟而猛利，它可以清淨我們的業障煩惱，使現世的生活由煩惱、不安、困惑、混濁，開始轉化成吉祥、平靜、睿智、清明，最後終能得到究

1. 懺悔心意識的惡業罪礙

2. 皈命諸佛、普賢菩薩隨順普
賢菩薩心意識懺悔

3. 大禮拜深深禮敬

這是清淨心意識業障的方法。

4. 安住在實相真理之中

竟安樂的解脫境界。這可是普賢菩薩給我們的
珍貴禮物哦！

　　練習這方法能夠讓我們更加受到普賢菩薩
的加持而清淨我們的六種感官，我們的六種感
官清淨了，感知的世界隨之也會變得和以前完
全不同，那麼我們不就成功地改造了自己的命
運了嗎？

特別日子的加強守護

普賢菩薩的聖誕

　　生肖龍的我們受到普賢菩薩的守護，因此在屬於普賢菩薩的特別日子裡，我們可以用一些特別的方法，來感謝普賢菩薩。

　　農曆二月廿一日是普賢菩薩的聖誕，我們平常生日總是多少會慶祝一下，因此在普賢菩薩聖誕的日子裡，我們除了多買一些供品供養普賢菩薩之外，在這一天我們可以多多誦念普賢菩薩的真言，或練習普賢菩薩的各種修行方法。

　　另外，我們可以特別在這一天，讓自己做

143

一天的普賢菩薩，從清晨醒來的第一個念頭就是普賢菩薩，讓自己像普賢菩薩一樣，在這吉祥的日子誕生。

然後練習每一個念頭都是普賢菩薩，從自心中深切生起對普賢菩薩的無上信心，不只心心憶念普賢菩薩，更深信普賢菩薩的大悲心切，他護念我們的心比我們憶念他的更為廣大，普賢菩薩從無間斷地在護念著我們。

而且練習在行、住、坐、臥、動作及語言時，都能相續不斷的憶念普賢菩薩。在生活中所面對的一切事情，都能以普賢菩薩的心念來觀察一切。

在吉祥的日子中，給自己一個普賢菩薩的新生命，使自己與普賢菩薩緊密結合，得到普賢菩薩親切的守護。

普賢菩薩的日子

在「三十日佛」中屬於普賢菩薩的日子是每月的十四日，「三十日佛」是中國五代的一位禪師，將一個月以三十日配三十尊佛菩薩名號，來供念誦之用。

所以，我們可以固定每月的十四日，做為我們修學普賢菩薩法門的日子，養成每月至少在這天持續的念誦普賢菩薩的名號或真言，感念普賢菩薩的守護，讓忙碌的自己，每月抽出一天，記得這一天，時時刻刻持誦普賢菩薩的真言。

如果這一天剛好是休假日，或特別安排這天休假來專修普賢菩薩，是非常殊勝吉祥的。我們可以先告知家人或室友這一天的計畫，請他們配合，完成自己的計畫。

145

　　這是一個屬於守護肖龍者普賢菩薩的日
子。

　　1.　修法前梳洗乾淨，在一個安靜的幽
室，來修持普賢菩薩的法門。

　　2.　當我們安置好莊嚴的普賢菩薩法相
後，於法相前，讓我們雙手合掌，恭敬禮拜普
賢菩薩。

　　3.　清楚地觀察並思惟普賢菩薩的慈悲、
智慧及其種種殊勝的功德事業，然後將其莊嚴
圓滿的身相及偉大的功德，全部都明晰地烙印
於我們自心當中。

　　4.　想像從普賢菩薩的心中，放射出無盡
無量的光明，如彩虹般無實、如水晶般通透溫
潤的光明，溫暖注照著我們。

　　我們身心一切的障礙、煩惱、疑惑、無
知、無明都完全在普賢菩薩慈悲、智慧的光明

三十日佛中，
普賢菩薩的日子是
十四日！

當中消融了。頓時,我們的身體、語言、心意都清淨了,慈悲、智慧與福德都自然地不斷的增長。

5. 我們合掌或是手結普賢菩薩的手印,稱念「南無普賢菩薩」,或是誦持普賢菩薩的咒語,愈多愈好。

6. 依自己的時間狀況,例如這一天只有一小時可以修法,就利用這一小時專心持咒或練習書中其它的方法,修完之後迴向,然後結束修法。如果時間比較長,則修法一小時後,稍做休息再繼續修法。

當我們持咒完要散印時,可從頂上散印,或將手印收至心輪。

平時在心中亦可默念誦持普賢菩薩的名號,普賢菩薩的加持佑護功德不可思議。

練習完再將修法的功德迴向,祈求一切法

界現前廣大圓滿。迴向功德於普賢菩薩，由於普賢菩薩的廣大加持，這也是自身加持自身，一切現成為普賢菩薩。

迴向眾生皆能圓滿成佛，迴向修證功德悉皆圓滿，迴向國家……，迴向自己的祈願。

如果每個月這一天能夠精進修法，必然能增長自己的生命能量，增加自己的智慧與功德。

 ## 自己的生日

在長尾巴的日子裡，除了吃蛋糕的生日Party外，也可在這一天加強修習普賢菩薩的法門，然後將修習的功德迴向給養育我們的父母，這也是感謝父母的最好方法之一。

只要在修法完畢之後，雙手合掌默念，祈願將這次的修法功德迴向給父母，希望他們長

普賢菩薩

壽健康，增長智慧、福德與慈悲，同時也能夠受到普賢菩薩的加持守護。我們如此誠心地將自己的祈願說出，然後觀想普賢菩薩很高興的答應自己的請求。

 ## 親人朋友生病的日子

當我們周遭的親人或是朋友生病時，心情總是憂傷悲悽的，總是希望自己能為他們做些什麼。除了必要的醫療看護工作外，我們可以特別為他們祈願迴向。也就是將自己誦念真言或抄經等等的功德，迴向給病人，祈願普賢菩薩加持守護某某早日健康、身心吉祥安樂，並觀想普賢菩薩在病人的頭上放光加持，病人非常的喜悅，身心充滿能量。

這種力量能幫助病人早日康復哦！

150

實用御守護

隨身帶著普賢菩薩的法相

將普賢菩薩的法相隨身攜帶，當心情不好或是遇到難題無法解決時，就可以對著普賢菩薩的法相，訴說自己的心情與難處，思索普賢菩薩會如何處理這問題。

當我們如此思惟時，普賢菩薩會及時加持我們，讓我們茅塞頓開，頭腦變得比較清楚，能夠清楚的看出問題的癥結所在，如此一來，我們的心就慢慢的開了，能夠用更寬廣的角度與心態面對問題，無形中問題也就迎刃而解了。

隨時想到就拿出法相來看，就好像思念母親一樣，端詳著法相，在這樣的瞻仰中，普賢菩薩的能量就會傳遞給我們，加持我們，增加我們的生命能量與光明。

當我們覺得自己很虛弱時，可以將普賢菩薩法相，放在自己的頭上，祈請普賢菩薩加持我們，給予我們能量。

然後在心中默念21遍普賢菩薩短咒或是聖號，然後，再將法相收回。

這時普賢菩薩的能量加持我們，會使我們更有力量邁步向前。

百年生肖御守護

千手觀音	虛空藏菩薩		文殊菩薩	普賢菩薩		大勢至菩薩	大日如來		不動明王	阿彌陀佛	
鼠	牛	虎	兔	龍	蛇	馬	羊	猴	雞	狗	豬
1900	1901	1902	1903	1904	1905	1906	1907	1908	1909	1910	1911
1912	1913	1914	1915	1916	1917	1918	1919	1920	1921	1922	1923
1924	1925	1926	1927	1928	1929	1930	1931	1932	1933	1934	1935
1936	1937	1938	1939	1940	1941	1942	1943	1944	1945	1946	1947
1948	1949	1950	1951	1952	1953	1954	1955	1956	1957	1958	1959
1960	1961	1962	1963	1964	1965	1966	1967	1968	1969	1970	1971
1972	1973	1974	1975	1976	1977	1978	1979	1980	1981	1982	1983
1984	1985	1986	1987	1988	1989	1990	1991	1992	1993	1994	1995
1996	1997	1998	1999	2000	2001	2002	2003	2004	2005	2006	2007
2008	2009	2010	2011	2012	2013	2014	2015	2016	2017	2018	2019

感謝普賢菩薩的守護

　　藉由普賢菩薩守護我們的因緣，我們與普賢菩薩結下了很多良善的因緣，建立了很密切的關係，我們很幸福的受到普賢菩薩的祝福與護佑，希望在這樣的因緣下，我們能與普賢菩薩共同到達圓滿理想的生命境界。

　　南無　大行普賢菩薩

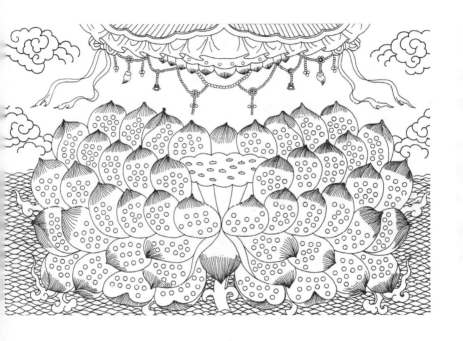

修持計數表

十二生肖御守護香

珍貴沉香結合聖地加持，隨香附贈供香滿願秘法

俗語說，有福報的人是「上輩子燒好香」，用專屬的生肖御守護香供養，諸佛菩薩、龍天護法歡喜，燒好香Ubobi，增福又轉運，所求願滿！

以珍貴稀有的越南頂級沉木為主原料

沈香的原料沉木，是吸收了整個大地的精華所形成的。

沈香木在生長時，並不稱為「沈木」，而是在樹身受傷後，經過漫長的歲月，形成「樹脂瘤」，埋藏在沼澤之中，經由浸蝕，木頭開始腐朽，經過很長的一段時間，木質部分因腐朽而去除，只剩下單純的樹脂瘤，才叫做「沈」。而沉木的品質又因產地而異。十二生肖御守護香以頂級的越南沉為主原料，精製而成。

內含八大聖地加持物不可思議的加持

十二生肖御守護香系列，除了以特級越南沉香為主原料之外，更加入佛陀八大聖地及舍利子等密意加持物，力量不可思議。每種生肖御守護香並附供香祈請滿願秘法。

時機使用

● 供佛祈願：每日供佛，誠心祈願，所求圓滿。
● 坐禪讀經：坐禪讀經燃香，安定身心，智慧清明。
● 出差旅遊：於旅館燃香，清淨住處，平安守護。
● 親友聚會：親友聚會，燃點此香，眷屬和樂。
● 品茗花道：茶道、花道配合心香爐娘，意境幽遠，提昇心靈。
● 清淨護身：醫院探病、出入喪葬場合，去前、歸家，薰香護身。
● 安神收驚：小兒受驚，燃香薰身，安神好眠。
● 臨終守護：從臨終至七七期間，為亡者燃香祝願，守護其平安往生淨土，蓮品增上。

「豬年吉祥・諸事大吉」特惠專案

為迎接吉祥豬年，普月文化特別推出特惠專案，
96年3月31日以前訂購十二生肖御守護香任一種，
皆享以下優惠，並加贈精緻品香盤一座。

1. 盤香：每片可燃4小時，每盒48片，原價$2300特惠期間$1700
2. 迷你盤香：每盒48片，每片可燃2個小時，原價$2100特惠期間$1600
3. 細線香：每根可燃40分鐘，每盒約100枝，原價$3000特惠期間$1800
4. 短臥香：每根可燃70分鐘，每盒約160枝，原價$2600特惠期間$1900
5. 香塔：每盒24個，每個可燃20分鐘，原價$950特惠期間$690

十二生肖御守護香訂購單

請於下表中填上數量，回傳02-25081733，並請來電確認

填表人姓名：＿＿＿＿＿＿＿＿＿＿　電話：＿＿＿＿＿＿＿＿＿＿
宅配地址：＿＿＿＿＿＿＿＿＿＿＿＿＿＿＿＿＿＿＿＿＿＿＿
◎請問您用香的週期為：□每日　□每週　□固定日子才點
◎請問您用香的時機為：□供佛(或神)　□坐禪　□讀經日課　□祈願
□出差旅遊護身　□放鬆身心　□品茗　□贈禮　□其他＿＿＿＿＿＿＿

	細線香	短臥	盤香	迷你盤香	香塔	隨意包
1生肖鼠千手觀音守護香						
2生肖牛虛空藏菩薩守護香						
3生肖虎虛空藏守護香						
4生肖兔文殊菩薩守護香						
5生肖龍普賢菩薩守護香						
6生肖蛇普賢菩薩守護香						
7生肖馬大勢至菩薩守護香						
8生肖羊大日如來守護香						
9生肖猴大日如來守護香						
10生肖雞不動明王守護香						
11生肖狗阿彌陀佛守護香						
12生肖豬阿彌陀佛守護香						
合計						

總金額：＿＿＿＿＿＿＿＿＿＿＿＿＿（若須郵寄請加宅配費用大台北地區$100　大台北以外地區$150）

郵政劃撥：18369144　普月文化有限公司
電話：(02) 25083006　傳真：(02) 25081733
地址：10455 台北市松江路69巷10號5樓
http://www.buddhall.com

生肖御守護05

龍生肖守護者──普賢菩薩

編著：五　明
發行人：黃紫婕
責任編輯：吳霈媜　劉詠沛
美術設計：Mindy
插畫：德　童
出版者：普月文化有限公司
台北市松江路69巷10號5F
永久聯絡地址：台北郵政26-341號信箱
電話：(02)2503-3006
傳真：(02)2508-1733
郵政劃撥：18369144　普月文化有限公司

行銷代理：紅螞蟻圖書有限公司
台北市內湖區舊宗路二段121巷28之32號4樓
電話：(02)2795-3656　　傳真：(02)2795-4100

定價：150元
初版：2007年1月